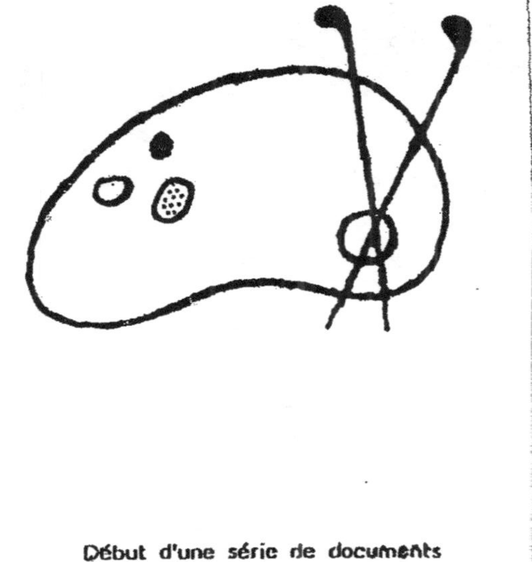

Début d'une série de documents
en couleur

Couverture inférieure manquante

SOCIÉTÉ HISTORIQUE DE COMPIÈGNE

L'INSTRUCTION PUBLIQUE

A COMPIÈGNE

EN 1789

PAR

B.-A. DERVILLÉ

ÉCONOME DU COLLÈGE DE COMPIÈGNE

MEMBRE TITULAIRE DE LA SOCIÉTÉ HISTORIQUE

COMPIÈGNE

IMPRIMERIE A. MENNECIER

17, Rue Pierre-Sauvage, 17.

1896

L'INSTRUCTION PUBLIQUE

A COMPIÈGNE

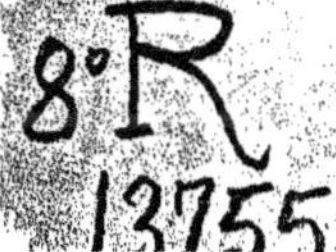

SOCIÉTÉ HISTORIQUE DE COMPIÈGNE

L'INSTRUCTION PUBLIQUE

A COMPIÈGNE

EN 1789

PAR

B-A. DERVILLÉ

ÉCONOME DU COLLÈGE DE COMPIÈGNE

MEMBRE TITULAIRE DE LA SOCIÉTÉ HISTORIQUE

COMPIÈGNE

IMPRIMERIE A. MENNECIER

17, Rue Pierre-Sauvage, 17.

1896

L'INSTRUCTION PUBLIQUE

A COMPIÈGNE

EN 1789 [1]

Autrefois, dans nos campagnes, l'instituteur était appelé maître-écrivain ou maître-d'écriture, clerc-séculier, clerc-laïque, clerc-magister ou simplement magister, etc. C'est seulement pendant la Révolution que le maître d'école est devenu instituteur.

A Compiègne, les personnes qui s'adonnaient à l'enseignement étaient généralement désignées sous le nom de maîtres ou maîtresses d'école : C'est surtout sous cette dénomination qu'on les voit figurer dans les actes des archives de la ville. Nous voyons, pour la première fois, croyons-nous, les maîtres de la jeunesse être désignés sous le nom d'instituteurs

(1) Cette étude a été communiquée à la Société historique de Compiègne, dans sa séance du 20 février 1896.

à la date du 28 avril 1791 (prestation de serment par les fonctionnaires publics).

Cependant, cette nouvelle dénomination était déjà employée : En 1786, les *Affiches du Beauvaisis*, imprimées à Compiègne, faisaient l'annonce suivante :

« Grammaire latine divisée en trois parties, à Compiègne, chez Bertrand, et à Paris, chez Varin, libraire, rue du Pont », avec le commentaire suivant : « Nous nous contenterons de prier les instituteurs publics et particuliers d'examiner cette grammaire et de nous faire passer leurs observations ; nous les mettrons sous les yeux du public, afin qu'ils puissent s'assurer si les auteur et éditeur ont évité les fautes que l'on reproche avec raison aux ouvrages de ce genre connus jusqu'à ce jour. »

Ce ne fut guère que par son vote du 12 décembre 1792, que la Convention Nationale donna définitivement ce nom aux éducateurs de la jeunesse :

« Les écoles primaires formeront le premier degré d'instruction.

« On y enseignera les connaissances rigoureusement nécessaires à tous les citoyens.

« Les personnes chargées de l'enseignement dans ces écoles s'appelleront instituteurs. »

En 1789, au moment de la grande consultation nationale, chaque corps de métier fut invité à exprimer, par cahier, ses vœux et doléances.

Nous avons relevé à Compiègne la particularité suivante :

Tandis que la corporation des maçons et des tailleurs de pierre ajoutait à ses vœux « la réforme de l'éducation et de l'enseignement », celle des maîtres de pension et des instituteurs de la ville demandait « la responsabilité des ministres ». Mais ces derniers exprimaient aussi le vœu : « que l'on modérât les impôts perçus sur eux, et qu'on leur donnât sur leurs vieux jours, un secours annuel. » Ils ajoutaient que ce secours pourrait être pris sur les biens nationaux et ecclésiastiques.

Dans son cahier de doléances, entre autres réformes, le tiers-état de la ville de Compiègne demandait les suivantes :

La liberté de la presse [1] ;
L'unité des poids et mesures [2] ;

(1) Constitution de 1791 : Article 11 : « Tout citoyen peut parler, écrire, imprimer librement, sauf à répondre de l'abus de cette liberté dans les cas déterminés par la loi. »

(2) 26 mars 1791 : Décret de l'Assemblée nationale sur les moyens d'établir l'uniformité des poids et mesures. La grandeur du quart du méridien terrestre est adoptée pour base du nouveau système de mesures et l'on décide que les opérations pour déterminer cette base, telle que les indique l'Académie des Sciences et notamment la mesure d'un arc du méridien, depuis Dunkerque jusqu'à Barcelone, seront incessamment exécutées.

1er août 1793 : Décret établissant le système décimal, rendu sur le rapport d'Arbogast, au nom du Comité d'Instruction publique.

7 avril 1795 : Décret de la Convention qui établit l'uniformité des poids et monnaies, suivant le système décimal.

Un nouveau plan d'éducation nationale [1] ;

Et la réunion d'un bénéfice simple au collège pour l'entretien de douze boursiers choisis par les officiers municipaux dans la ville ou dans l'étendue de l'élection [2].

Les débuts de la Révolution n'apportent à Compiègne aucun changement dans le personnel des écoles ni dans le mode d'enseignement.

Le décret du 26 septembre 1791 porte que tous les corps et établissements d'instruction et d'éducation publiques continueront provisoirement d'exister sous le régime actuel.

Ce n'est qu'en 1792, par décret du 18 août, que l'Assemblée législative supprima les congrégations religieuses.

En 1789, Compiègne avait, comme établissements d'instruction publique :

Pour les Garçons.

Le Collège.

L'école de la doctrine chrétienne, rue d'Ardoise.

(1) Décret du 29 frimaire an II, sur l'instruction publique, qui impose la gratuité et l'obligation.

(2) 6 décembre 1830 : Délibération du Conseil municipal. Article 6 : « Le Principal sera tenu de recevoir gratuitement, chaque année, deux élèves externes que le Conseil municipal choisira parmi les enfants de familles indigentes et qui se seront fait distinguer dans les écoles primaires. Ces enfants suivront tous les cours de la septième à la rhétorique inclusivement et seront en tout traités comme les autres externes.

La Ville tiendra compte au Principal des rétributions universitaires à raison de ces élèves gratuits.

26 février 1864 : Délibération concernant l'examen des bourses d'externes au Collège de la Ville.

L'école de charité de Saint-Antoine, dénommée actuellement Ecole Hersan.

Pour les Filles.

L'école de charité de la paroisse Saint-Jacques.
L'école de charité de la paroisse Saint-Antoine.
L'école des religieuses de la Sainte-Famille.

On peut ajouter à ces dernières :

Le pensionnat des sœurs de la Visitation.

Le pensionnat des sœurs de Saint-Nicolas-du-Pont et celui des religieuses de Royallieu.

Il y avait en outre dans la ville :

Deux pensionnats de garçons qui envoyaient leurs élèves suivre les cours du Collège. Ils étaient tenus, l'un par M. Vielle, dans la rue du Plat-d'Etain, et l'autre par M. Mosnier, près du « Grenier à sel ».

Ce dernier jouera un rôle important dans la municipalité compiégnoise pendant la Révolution.

Et cinq instituteurs particuliers, « maîtres d'écriture et de calcul », donnant des leçons en ville, savoir :

MM. Hénicque, demeurant rue de la Porte-Paris ;
    Berthauld, rue du Château ;
    Mercier, place au Bled ;
    Lebrun, cimetière Saint-Jacques ;
    Robert, près Saint-Antoine.

Nous les verrons plus tard, à l'exception de Mercier, exercer les fonctions d'instituteurs publics dans les écoles de la ville.

L'*Almanach historique de Compiègne* pour 1789 nous donne en outre des noms de « maîtres dans les sciences et les arts » :

En qualité de maître de dessin :

M. Maton, rue des Minimes.

De maîtres de dessin et d'escrime :

MM. Jouy, rue des Cordeliers ;

Michel, rue de la Porte-Chapelle.

De clavecin :

M. Lamberti.

De musique vocale et de clavecin :

M. Racine, organiste de Saint-Jacques, près ladite église.

De musique vocale, de violon et de clavecin :

M. Nocq, organiste de Saint-Corneille, demeurant rue Saint-Jacques.

COLLÈGE [1]

Quoique de bonne renommée, possédant à l'époque des maîtres instruits et estimés, le Collège ne pouvait plus se suffire. Les bâtiments étaient délabrés ; des réparations urgentes étaient nécessaires, et quoique ayant joui de la protection royale, il succombait sous le poids de ses dettes.

Un bref du pape Pie VI, en date du 30 septembre 1778, avait prononcé l'extinction des monastères de la Sainte-Trinité de Villeneuve, de Sainte-Croix d'Offémont et de Saint-Pierre en-Chastres ([2]) et l'union des biens en dépendant faite en usages pieux.

Pour la répartition de ces biens, le syndic du diocèse de Soissons ([3]) avait présenté à l'archevêque de Reims une requête par laquelle « le suppliant estime qu'il est dans l'ordre de ses devoirs de mettre sous les yeux de Monseigneur le tableau des différents objets auxquels il convient d'appliquer par préférence les biens et revenus des maisons supprimées. »

(1) Fondé en 1571 dans l'hôtel de Roye « en la rue qui menait de Saint-Pierre à la Porte-Chapelle ».

(2) Saint-Pierre-en-Chastres est situé dans la forêt de Compiègne. On peut encore de nos jours en voir les ruines

(3) La ville de Compiègne faisait partie du diocèse de Soissons.

Au nombre des établissements qui devaient jouir de cette faveur, le syndic mentionne :

« L'Ecole chrétienne et le Collège de la ville de Compiègne, avec ces considérations sur ce dernier :

« Le Roy ayant jugé par arrest de son Conseil qu'il étoit juste de décharger le Collège de l'Université de Reims, d'une pension de 3,000 fr. qui avait été constituée sur ses revenus au profit du Collège de Compiègne et sa Majesté ayant fait connaître qu'elle désirait que ledit Collège de Compiègne, qui a toujours subsisté sous la protection particulière des rois de France, et qui d'ailleurs est utile au diocèse, étant destiné par sa fondation à l'éducation des jeunes gens de la Ville de Compiègne et du diocèse qui y sont instruits gratuitement, fut indemnisé du retranchement de ladite somme de 3,000 livres, par l'application d'une pareille somme sur les revenus des Célestins, le suppliant croit devoir conclure, d'après ces considérations, à ce qu'il soit pourvu aux moyens d'indemniser par l'union d'une portion des revenus des Célestins, le Collège de Compiègne de la suppression de 3.000 fr. qui devoient lui être payés à perpétuité par le Collège de Reims... »

Mais la ville de Compiègne, ne se croyant pas suffisamment bien partagée par cette répartition, surtout à l'égard de son Collège et de ses établissements hospitaliers, fit faire par De Moustier [1], avocat

---

(1) C'est l'auteur des *Lettres à Emilie*. Il était le beau-frère de Carbon, l'un des échevins, et dut sans doute à cette parenté d'être désigné comme avocat de la Ville. (Note de M. de Marsy.)

au Parlement de Paris (21 juillet 1789), un mémoire qui devait servir « à MM. les maire et échevins de la Ville contre le syndic du diocèse de Soissons, relativement à la distribution des biens des Célestins voisins de Compiègne. »

Voici une partie de ce mémoire qui nous montre la fâcheuse position du Collège à cette époque :

« Le Collège de Compiègne, quoique très estimé, est extrêmement pauvre. Pour aider à son entretien et subvenir à des réparations très urgentes, Louis XV, en 1764, lui accorda par lettres patentes, une rente de 3,000 livres sur le Collège des Bons-Enfants de la ville de Reims, lequel avait été supprimé comme tous ceux des Jésuites. En exécution de ces lettres patentes, le Parlement, par arrest du 8 aoust 1766, envoya le Collège de Compiègne en possession de cette rente annuelle ; il faut observer que les biens du Collège des Bons-Enfants étaient séquestrés pour trente ans ; ainsi la rente accordée au Collège de Compiègne ne devait être effectuée qu'en 1794 ou 1795. Cependant, elle releva assez son crédit pour lui faire trouver un emprunt de 12,000 livres qui lui étaient absolument nécessaires pour relever ses bâtiments.

« C'était même pour lui donner ce crédit que le Roy lui avait accordé cette rente future comme le prouve la lettre du ministre adressée au principal du Collège. Ainsi la sagesse du monarque peut employer les débris d'une maison utile qui n'existait plus, pour étayer les ruines d'une maison utile prête à ne plus exister.

« Le principal du Collège authorisé par la lettre du ministre et produisant pour titre de cautionnement les lettres patentes et l'arrest d'enregistrement, trouva l'emprunt dont il avait besoin, et les bâtiments du Collège furent réparés.

« Cependant, il paraît que cet acte d'équité ne plut point à M. l'Archevesque de Reims, et l'Evesque de Soissons, pour lui ôter le fardeau qu'il supportait avec impatience, s'y prit de la manière suivante :

« Le Collège de Compiègne qui, malgré les 1,000 écus de revenus dont il jouissait en espérance, ne se soutenait qu'avec peine, réclama sa portion dans les usages pieux que l'Evesque de Soissons devait faire des biens des Célestins. Bientôt ce prélat lui annonça que, de concert avec l'Archevesque de Reims, il lui avait accordé 1,000 écus par an [1]. »

Mais à une certaine condition : C'est que, par contre, le Collège devait renoncer aux mille écus qui lui appartenaient sur le Collège de Reims.

Dès le 18 octobre 1774, le duc de la Vrillière, ministre de la maison du Roi, avait annoncé au principal du Collège [2] qu'une rente de 3,000 livres serait affectée à cet établissement sur les biens des trois couvents de Célestins qui devaient être supprimés dans le diocèse de Soissons, mais cette suppression ne devint définitive que par la bulle de Pie VI de 1778 et il semble qu'en 1789, la liquidation des biens de ces couvents n'était pas encore faite, puisque

(1) Archives de Compiègne : GG. 289.

(2) Par une lettre citée par M. Plion (*Histoire du Collège de Compiègne*, p. 99).

la ville plaidait encore contre le syndic du diocèse de Soissons.

Nous ignorons ce qui serait advenu de ce procès.

Ce qu'il y a de certain, c'est que la Révolution allait bientôt mettre d'accord l'évêque de Soissons et les autorités compiégnoises en déclarant propriétés nationales tous les biens ecclésiastiques.

Le Collège de Compiègne était tenu par les Bénédictins de la Congrégation de Saint-Maur, dont l'introduction avait été ordonnée par lettres patentes de Louis XV, enregistrées au Parlement le 27 août 1772, avec permission d'y établir un pensionnat, sous l'administration conjointe des seigneurs évêque de Soissons et gouverneur des ville et château de Compiègne.

Outre les divers objets d'instruction qui avaient lieu dans les classes, on enseignait aux pensionnaires les mathématiques, le dessin, la musique vocale et instrumentale, l'écriture, la danse et l'escrime.

Il y avait deux sortes de pension : La première de 700 livres. Moyennant cette somme, les enfants avaient droit à tous les exercices énoncés plus haut et étaient entretenus de tout, « tant en santé qu'en maladie ».

La seconde était de 450 livres : Les enfants qui étaient à cette pension avaient également part à tous les exercices du pensionnat ; mais les parents demeuraient chargés en entier de leur entretien [1].

---

(1) A la même époque, au Collège de Beauvais, les élèves qui étaient à la première pension payaient 312 livres pour l'année scholastique plus 48 livres pour le lit, droits de classe et autres ;

Il y avait deux maîtres de pension attachés au Collège ; ils tenaient pension, demi-pension et répétition [1].

En 1789, le Collège était dirigé par Dom Lalondrelle.

Le personnel enseignant était le suivant :

D. Liébert, sous-principal.
D. Rabany, professeur de rhétorique.
D. Saniez,   —   de seconde.
D. Arnoults,   —   de troisième.
D. Delaleux,   —   de quatrième.
D. Mopinot,   —   de cinquième.
D. Chomez   —   de sixième.
D. Duez, préfet.
M. Delevacque, maître de quartier.

A la fin de l'année 1789, le Collège avait 60 pensionnaires dont 33 à la pension pleine et entière, 22 à la petite pension et 5 pour lesquels le principal n'a rien reçu. Enfin, au 1er octobre 1790, les recettes du pensionnat, comptées depuis le 1er janvier, montaient à environ 20,000 livres [2].

« Lorsque les Bénédictins sont entrés au Collège, il était absolument sans mobilier. Aujourd'hui la nation y trouve calice, ostensoir, ciboire, encensoir

ceux qui étaient à la deuxième pension 264 livres plus les droits de classe, et à la troisième 36 livres plus également les droits de classe. (Extrait de l'Almanach de Beauvais pour 1790.)

(1) Extrait de l'*Almanach historique de Compiègne* pour l'année 1789.

(2) Archives de la Préfecture de l'Oise.

avec sa navette, burettes d'argent, ornements de drap d'or et de drap d'argent ; un cabinet de physique ; commencé un théâtre et le tout provenant des Bénédictins. De plus, ceux-ci ont doublé les bâtiments, renouvelé presque toutes les croisées, mis partout des grillages ou des jalousies, formé des cellules dans les dortoirs pour chaque pensionnaire et fait des appartements très propres pour les professeurs [1]. »

(1) Archives de la Préfecture de l'Oise.

ÉCOLE DES FRÈRES

DE LA DOCTRINE CHRÉTIENNE

Fondée en 1772, par les libéralités de l'abbé Claude-Louis Picart, directeur du séminaire de Puy-en-Velay, enfant de Compiègne, cette école était située au n° 27 de la rue d'Ardoise, vis-à-vis la rue d'Enfer, aujourd'hui rue Le Féron.

Elle comprenait deux classes : une grande et une petite. Mais quelles classes ! Laissons parler le doyen du Conseil de fabrique de la paroisse Saint-Jacques, Matthieu, par un mémoire qu'il a laissé sur l'état des Frères à Compiègne :

« .... Les deux classes qu'elle renferme sont décidément insuffisantes ; on n'y peut recevoir tous les enfants qui se présentent et le nombre de ceux qui y sont admis est assez considérable pour que ces enfants soient très gênés et presque les uns sur les autres, ce qui, nécessairement, doit affaiblir et altérer leur attention. »

Aussi, les Frères se voyaient-ils contraints de les rendre à leurs familles aussitôt leur première communion.

Puis, plus loin, il continue ainsi :

« De ce défaut d'emplacement il résulte de plus

que les enfans de la grand'classe ne peuvent être surveillés pour l'écriture, les frères ne pouvant faire le tour des tables ; que les deux classes sont malsaines ; que la santé des maîtres et des écoliers peut être affectée par l'odeur fétide qu'ils respirent [1]. »

En terminant, il demande une troisième classe pour les commençants, un emplacement plus spacieux, de l'air et de la lumière, et surtout un traitement qui mette les frères à même de subvenir à leurs propres besoins.

Aussi, dans sa séance du 18 février 1791, le Conseil « reconnaissant l'impossibilité de laisser « subsister l'école chrétienne dans la maison qu'elle « occupe ; considérant que le nombre des enfants « de la commune est si considérable et les écoles « si petites ; que l'air y est raréfié et corrompu et « que les élèves y reçoivent en même temps tous « les principes des maladies avec ceux de l'éduca- « tion, décide unanimement de transférer les Frères « dans une maison plus spacieuse [2]. »

L'année suivante, le Corps municipal résoudra la première question en transportant l'école dans une partie de l'ancien couvent des Minimes (à l'extrémité de l'impasse du même nom) ; mais nous verrons plus loin à l'aide de quel moyen la municipalité aura recours pour assurer le traitement des Frères.

---

(1) Voir l'étude historique de **M. A. Plion** : *Les Frères des Ecoles chrétiennes à Compiègne.*

(2) **Archives de Compiègne.**

Le mobilier de l'école comprenait un poêle en fonte avec ses tuyaux, un siège en bois de chêne et quelques bancs et tables.

A l'époque, les Frères étaient dans le plus grand dénuement, manquant de linge, même de vêtements, car les revenus affectés à leur entretien étaient devenus tout à fait insuffisants.

Le syndic du diocèse de Soissons ne les avait pas oubliés dans la répartition des biens des Célestins :

« Pour donner aux écoles chrétiennes chargées de l'instruction des pauvres, les moyens de remplir l'objet de leur destination, il est nécessaire d'augmenter la dotation à raison du grand nombre d'enfans, à l'instruction desquels deux maîtres peuvent suffire, et il n'est pas moins nécessaire de rendre stable cette fondation. »

En 1789, Frère Cassien était supérieur de ladite école.

ÉCOLE HERSAN

Cette école fondée en 1723 sur la paroisse Saint-Antoine, par l'abbé Marc-Antoine Hersan [1], autre enfant de Compiègne, était dirigée par un seul maître. Celui-ci remplissait, en même temps, les

(1) Marc-Antoine Hersan est né le 31 janvier 1649, sur la paroisse Saint-Antoine, fils de Charles, maître chirurgien, et de Catherine Lejeune.

Il fit ses études au Collège du Plessis en qualité de boursier. Il y devint, en 1675, professeur de seconde et, en 1681, professeur de rhétorique. Il fut appelé en 1685 à la Chaire d'éloquence au Collège Royal. Rollin s'honore de l'avoir eu pour maître.

« Hersan se fit considérer dans son temps comme l'orateur le plus éloquent de l'Université de Paris et mérita l'estime et la confiance de M. de Louvois, l'un des plus grands ministres que la France ait eus. Hersan borna toute son ambition et sacrifia tous les avantages que son mérite lui aurait procuré dans le monde, au service et à l'instruction des pauvres enfans de Compiègne, sa patrie, en faveur desquels il fit bâtir une des plus belles écoles qu'il y eut en France (à côté de l'église Saint-Antoine) et où il fonda un maître pour les instruire.

« Il mourut à Compiègne, le 11 octobre 1724.

« Nous n'avons de lui que des pièces fugitives qui mériteraient bien d'être reproduites. En 1686, il fit imprimer une oraison funèbre latine de Michel Le Tellier, chancelier de France ; cette pièce reçut de grands applaudissemens ; elle fut traduite en français par Noël Bosquillon, de l'Académie de Soissons, et imprimée en cette dernière langue en 1688. »

(Description ou abrégé historique de Compiègne : 1769.)

Voir l'Étude de M. Arthur Bazin sur Hersan, insérée dans les Mémoires de la Société historique de Compiègne, tome VIII, pages 188-323.

fonctions de premier chantre à l'église Saint-Antoine. Outre son casuel à l'église, il touchait pour la direction de l'école, 300 livres de gages annuels qu'il recevait en deux paiements du bureau de charité de ladite paroisse. D'après son acte d'engagement, il promettait « de bien et exactement s'acquitter de toutes les fonctions de maître d'école et de donner aux enfans les instructions et enseignemens et autres à luy imposés par les dispositions testamentaires dudit feu sieur Hersent, auxdits appointemens et charges y portées [1]. »

De plus, Hersan « donne et lègue au sieur Duchauffour, maistre d'école, l'usufruit du lit tel qu'il est à présent, la tapisserie, les chaises de paille, la petite table et la garniture du foyer de la cheminée qui est dans le petit cabinet d'en bas qui lui a été accordé par acte de délibération des marguillers de la paroisse dudit Saint-Antoine, assemblés à cet effet, pour lesdits meubles passer dudit sieur Duchauffour à ceux qui lui succéderont comme maîtres de ladite école ; ce legs fait encore audit sieur Duchauffour et à ses successeurs pour les engager à entrer dans les intentions dudit sieur testateur pour la conduite chrétienne de ladite école, se recommandant à leurs prières et à celle des enfans par lesquels il souhaite être dit tous les jours un *De profundis* après la prière du soir [2]. »

(1) Archives de la Ville : Assemblée de notables tenue au presbytère Saint-Antoine, le 10 novembre 1765, pour la nomination de l'instituteur de l'école des garçons de la paroisse.

(2) Archives de la Ville : GG. 49.

Décédé le 12 octobre 1724, Marc-Antoine Hersan, suivant son désir, fut inhumé le lendemain, au cimetière de sa paroisse « devant la porte des écoles de Charité [1]. »

En 1789, l'instituteur était François Villemart, en fonctions depuis 1767 ; c'était le troisième instituteur de l'école Hersan depuis sa fondation [2].

(1) Registres de catholicité : parr. Saint-Antoine : année 1724.

(2) Duchauffour, Jean Carbonnier et François Villemart.

ÉCOLE DES FILLES

L'école de filles de la paroisse Saint-Jacques était située dans la rue des Minimes. Etablie en 1738 dans deux maisons léguées à cet effet par les demoiselles Marie et Geneviève Coustant, filles majeures et héritières de défunt M. Jean Coustant, elle tenait, d'après l'acte de donation daté de novembre 1727 :

« .... d'un costé au cimetière des Minimes ; d'autre au nommé Delacour, tonnellier ; d'un bout, par derrière, à la dame de Verville, et d'autre, par devant, sur ladite rue des Minimes.

« Et pour lesdittes deux maisons servir de logement, sçavoir : celle où demeurent lesdittes demoiselles Coustant aux personnes destinées et consacrées au service des pauvres malades de ladite paroisse et qui auront volonté de leur faire du bien, et l'autre attenant pour servir d'Ecolles et y enseigner les jeunes filles de ladite paroisse à lire, écrire, travailler mesme leur devoir de relligion. »

Cette école était dirigée par des sœurs de la maison de Saint-Lazare, de Paris, autrement dites « sœurs grises ». Celles-ci donnaient l'instruction gratuite aux jeunes filles de la paroisse Saint-Jacques ; comme nous venons de le voir, elles étaient aussi chargées de soigner les pauvres malades.

D'abord au nombre de 3, elles étaient 4 en 1783 ; deux, en 1789, étaient spécialement chargées de l'instruction.

La supérieure se nommait sœur Gillard.

—————

L'école gratuite de filles de la paroisse Saint-Antoine était placée au n° 3 de la rue de Paris.

Elle fut fondée en 1725 par Hersan et l'abbé Jacques Delaporte, son fidèle ami. Ce dernier, par un testament en date du 15 juin 1704, abandonna toute sa fortune aux charités des deux paroisses de la ville. Cette fortune se montait à 20.600 livres. « Il avait gagné et épargné tout cela à enseigner des « écoliers des deux paroisses, à tenir des pension- « naires, à assister de diacre et à faire les fonctions « de prêtrise. »

L'abbé Delaporte avait été vicaire de Saint-Antoine, puis aumônier des religieuses de la Congrégation.

Cette école était dirigée par 4 sœurs grises de Saint-Lazare, dont 2 maîtresses d'école et les 2 autres s'adonnant aux soins des malades de la paroisse :

« Lesdites filles de la charité ainsi établies dans « ladite paroisse de Saint-Antoine de Compiègne « s'occuperont, selon leur institut, au soulagement

« et service des pauvres malades de ladite paroisse
« seulement et à l'instruction des pauvres petites
« filles, sans qu'il leur soit permis d'y recevoir aucun
« garçon, tant petit soit-il [1]. »

En 1789, la supérieure était sœur Joly.

D'après un inventaire du 2 avril 1786, le mobilier
de *l'école des filles de la charité de Saint-Antoine,*
comprenait :

Une armoire bois de chesne en manière de table à
    deux battans, fermant à clef avec son gradin ;
Une chaise haulte pour la maîtresse ;
Trois tables ;
Dix bancs : en bois blanc ;
Une Estampe de N.-Seigneur mourant en croix,
    collée sur toile avec moulure en hault et roulleau
    par bas ;
Quatre autres estampes représentant les quatre fins
    de l'homme, collées sur toile et clouées sur leur
    cadre ;
Un crucifix, dos sur une croix, bois noir, avec son
    pied en gradin noir et couleur de noyer ;
Deux chandeliers de bois peints couleur de noyer.

Les livres de l'école à l'usage des sœurs étaient,
d'après le même inventaire, les suivants :

Vie des Saints...................... en 2 tomes.
Abrégé de la vie des Saints, in-12....... 2   »

----

(1) GG. 49 : Archives de Compiègne : Etablissement de deux sœurs
de charité en la paroisse de Saint-Antoine, 13 août 1725.

Le martyrologe romain, in-4	1	»
Les épistres et évangilles, in-4	1	»
Les méditations de Mr Abelly, in-8	2	»
Les méditations de Busée, in-8	1	»
Traité de la perfection chrétienne, in-8...	4	»
La connaissance de l'amour de Dieu, in-8.	1	»
Manière d'exercer la charitté............	1	»
L'homme religieux	4	»
Vie de Mᵉ Vincent de Paul, in-4	1	»
Vie de Madame Legras................	1	»
La Retraite d'un jour.................	1	»
Recueil des Remèdes de Mᵐᵉ Fouquet...	2	» [1]

Un autre établissement s'occupait encore de l'instruction gratuite des jeunes filles de la ville : c'était la maison des filles de la Sainte-Famille.

Etablies en 1780 pour remplacer les religieuses de la Congrégation [2], elles occupèrent d'abord un immeuble dans la rue Saint-Antoine qu'elles habitaient encore en 1783 ; puis elles vinrent s'établir

(1) Archives de Compiègne : GG. 49.

(2) Les religieuses de la Congrégation quittèrent Compiègne en 1771 pour aller s'établir à Versailles.

Par requête en date du 16 janvier 1644, adressée à MM. les Gouverneurs attournés de la ville de Compiègne, elles demandaient à être autorisées « .... pour les recevoir en vostre ville, y bastir, dresser et établir un monastère de leur Congrégation ès lieux qui se pourront trouver les plus commodes afin d'y vivre et demeurer selon leurs règles, profession et institut de leur Congrégation et sous l'entière authorité, juridiction et direction de

dans la rue Saint - Jacques, à « l'hôtel du Grand Commun », propriété qui fut achetée par contrat passé devant M⁰ Morin, notaire à Paris, le 2 mai 1782, aux veuve et héritiers Esmangard de Beauval « pour y establir une école moyennant 11,000 livres de prix principal, dont 3,000 furent payées comptant, et des 8,000 restant, il fut créé une rente perpétuelle de 400 livres exempte de toute imposition. Cette vente fut acceptée par l'évêque de Soissons en qualité d'administrateur temporel. »

C'est sur son emplacement que la Ville ouvrit en 1841 la rue Mounier et fit édifier, vers 1836, le presbytère Saint-Jacques.

Cette maison, dite « école de Virginittés », comprenait deux classes : une grande et une petite et deux cours de récréation.

« L'instruction et l'éducation données dans cette maison seront absolument les mêmes que celles actuellement en usage dans la communauté de la Villette, c'est-à-dire qu'on instruira les dites filles

Mgr le Révérendissime évesque de Soissons et ses successeurs en cette dignité, ensemble s'employer à l'instruction gratuite des jeunes petites filles tant de vostre ville que des lieux circonvoisins, tant de celles qui pourront estre mises pensionnaires dans leur maison que de celles qui fréquenteront et viendront à leurs écoles externes pour leur aprendre avec la piété chrestienne et catholique, à lire, escrire et tous autres exercices convenables à leur sexe... »

En réponse à la requête ci-dessus, l'assemblée tenue à l'Hôtel de Ville le 30 août 1644, imposait, entre autres conditions, la suivante : que les religieuses seraient « toujours obligées d'instruire gratuitement sans aucune espérance de sallaire, tant les pauvres que riches qu'elles recevront indistinctement en leurs écolles. » (Archives de la Ville : GG. 51.)

des principes de la religion, qu'on leur apprendra à lire, à écrire, à calculer, à coudre, et à travailler à tous les ouvrages de leur état. »

En 1789, ces religieuses, au nombre de trois, avaient 6 pensionnaires, 1 demi‑pensionnaire et 62 externes. Voici ce que la supérieure écrivait à la date du 27 mai 1788 à l'abbé Duquesne, directeur de la Communauté :

« .... Depuis la première communion on nous a retiré plusieurs pensionnaires ; nous n'en avons plus que six et une demi-pensionnaire ; la semaine prochaine nous en attendons deux ; on fait les habits uniformes ; l'une est Mlle Baudry, petite-fille de M. de Crouy, maire de Ville ; l'autre la fille du seigneur de Sallancy (Salency) ; pour ce qui est des externes on en a retiré après la première communion ; d'autres sont entrées et le nombre est de soixante-deux. J'en ay renvoyé quelques-unes qui étaient malpropres, après avoir prié les mères de nettoyer leurs enfans, elles ne l'ont pas fait et par là j'ay fait plaisir aux bourgeois de la ville qui se plaignaient de la malpropreté de quelle qu'une ; j'ay communiqué cecy à Monseigneur de Soissons qui est venu chez nous et m'a très fort approuvée. Nous sommes heureuses, tout le monde nous fait paraître de l'estime et nous n'avons point à nous plaindre....[1] »

La supérieure avait pour nom Madame de la Présentation.

(1) **Archives de la Ville.**

Le couvent de la Visitation de Sainte-Marie fut fondé en 1640 par la protection de la reine Anne d'Autriche, alors régente du royaume, et avec l'agrément de Mgr Le Gras, évêque de Soissons. Leur établissement fut confirmé par lettres patentes de Louis XIV, du mois de novembre 1656, enregistrées en la Chambre des Comptes le 13 juin 1657.

Vendu en 1792 comme propriété nationale, et après avoir servi de prison, de salle de club, de spectacle, de bal, etc., ce couvent, peu à peu, tomba sous le marteau des démolisseurs, et sur son emplacement, plus tard, fut percée la rue Sainte-Marie.

On ne recevait dans cette maison que de jeunes pensionnaires, auxquelles on donnait une excellente éducation.

En 1789, la supérieure de cette maison était Madame de Beauveau.

Les dames du prieuré de Saint-Nicolas-du-Pont de Compiègne ainsi que les religieuses de l'Abbaye de Royallieu ne recevaient également que des pensionnaires.

Pour être complet, nous devons ajouter à ce tableau l'Hôpital Général. Il fut fondé en 1263 par saint Louis. L'objet de cet établissement est de retirer les pauvres de la ville de tout âge et de tout sexe. Il était gouverné par trois administrateurs. Un prêtre y était attaché pour les fonctions du ministère. Trois sœurs de Genlis étaient chargées de la conduite économique de l'intérieur et de l'enseignement des filles. Il y avait aussi un clerc laïque pour l'instruction des garçons, du chant et du service de la chapelle [1].

En 1789, l'instituteur de l'Hôpital s'appelait Louis Delabye.

(1) Almanach historique de 1788.

LES ÉCOLES DANS LES CAMPAGNES

Mais, dans nos campagnes, pouvait-on donner le nom de classe ou d'école au local où le pauvre maître instruisait tant bien que mal les enfants du village qu'on voulait lui confier.

Nous en empruntons la description au *Dictionnaire de Pédagogie,* publié sous la direction de M. Buisson :

« Avant 1789, les habitations où étaient recueillis les enfants à instruire variaient suivant les hasards auxquels était due la création de chaque école. Les salles affectées à l'enseignement étaient, la plupart du temps, étroites, négligées, insuffisantes, souvent malsaines et sordides. Le maître ou la maîtresse faisait généralement la classe chez eux, dans leur domicile particulier, à moins qu'ils n'appartinssent à un ordre religieux ou au clergé séculier. Du reste, l'instruction primaire n'étant pas rattachée à un système unique et dirigée par une administration spéciale, devait necessairement subir les conditions du milieu où s'installait une classe, dépendre du donateur qui fondait, du maître qui enseignait, du quartier, du village, du hameau où s'ouvrait une école. »

Pour appuyer cette description générale, nous

citerons celle de l'école de la commune d'Arsy [1], relevée sur une délibération de l'époque :

« Avant et pendant la Révolution, le local servant d'école n'était pas une propriété communale, mais celle de l'instituteur. Ses dimensions n'offraient que 20 pieds de long sur 12 de large. Sa position ne permettait d'avoir de la lumière que d'un seul côté, parce que ses deux extrémités tenaient à d'autres bâtiments, et que l'autre côté était un mur mitoyen avec le voisin. Ce local n'était pas salubre, d'abord, à raison de son peu d'élévation, du peu de jour que l'on en pouvait tirer et de sa situation dans une cour étroite, toujours encombrée par les fumiers des divers animaux de l'instituteur. »

Bien peu de paroisses avaient en propriété le local qui servait de maison d'école. Dans nos environs, nous citerons : Canly [2], qui la possédait depuis 1774.

Par acte du 16 octobre 1757, Mme de La Roche-Courbon, maréchale de La Mothe-Houdancourt, avait donné à la paroisse de Chevrières [3] « 9 verges de terrain, vis-à-vis de l'église, sur lesquelles est construit nouvellement un bâtiment contenant 3 pièces, sçavoir : une écolle, une chambre et un cabinet et un grenier au-dessus de tout couvert de chaulme. »

(1) Arsy : commune du canton d'Estrées-Saint-Denis.

(2) Canly : commune du canton d'Estrées-Saint-Denis.

(3) Chevrières : commune du canton d'Estrées-Saint-Denis.

A Venette existait en la rue d'en bas une école souvent inaccessible l'hiver à cause des inondations produites par les eaux venant de la vallée de Remy. Le 13 juillet 1701, Pierre Josson, curé de Venette, doyen rural de Coudun, acheta à Pierre Herlaut, vigneron, pour y installer l'école, la maison voisine du presbytère, actuellement occupée par l'école des filles. Il la paya 170 livres [1].

Margny-lès-Compiègne avait aussi la sienne, mais celle-ci était dans un tel délabrement que ce n'était plus « qu'une ruine ».

Ordinairement c'était le logement de l'instituteur qui servait d'école ou une habitation quelconque louée pour cet usage.

(1) L'abbé Morel : *Les Écoles dans les anciens diocèses de Beauvais, Noyon et Senlis*, p. 155. (*Bulletin de la Société historique de Compiègne, T. VII.*)

MODE DE NOMINATION

A l'époque, toutes ces écoles étaient placées sous la juridiction ecclésiastique.

Nous avons vu précédemment que Louis XV avait mis l'administration du Collège entre les mains de l'évêque de Soissons et du gouverneur de la ville.

Lors de l'institution des bureaux d'administration, conformément à l'Edit royal de février 1763, la présidence en avait été confiée à l'évêque et à ses successeurs. En cas d'absence, il se faisait représenter par un prêtre, soit de la ville, soit du dehors, qu'il désignait à cet effet. C'est ainsi que cette fonction fut longtemps remplie par M. De la Croix de Bournonville, curé de Verberie.

A l'école Hersan, l'instituteur était choisi et nommé par le doyen de la Collégiale Saint-Clément, les curés des paroisses Saint-Jacques et Saint-Antoine, le lieutenant-général de police de Compiègne et le Procureur du roi à ladite police, ou leurs successeurs en dignité et charges, mais « néanmoins sous le bon plaisir et autorité de Monseigneur l'évêque de Soissons. » Ceci formait une clause essentielle du testament de M.-A. Hersan, fondateur de l'école. Ils avaient le titre de « supérieurs, administrateurs et inspecteurs ». Ils remplissaient aussi les mêmes fonctions envers les autres écoles de charité de la ville.

L'abbé Picart, fondateur de l'Ecole des Frères à Compiègne, avait institué pour son légataire universel, Monseigneur de Bourdeilles, évêque de Soissons. C'est ce prélat qui, en 1772, reçut les Frères et les admit « pour tenir ladite école en la paroisse Saint-Jacques, au nombre de deux et y tenir deux classes sous la direction tant spirituelle que temporelle dudit seigneur évesque de Soissons et ses successeurs, et en leur absence, sous la direction des sieurs curé et marguilliers en charge de ladite paroisse de Saint-Jacques. »

Les religieuses de la Sainte-Famille, établies à Compiègne par les soins de l'évêque de Soissons, avaient cette clause dans le règlement de leur maison :

« La maison et les sœurs seront toujours sous l'autorité et la direction spirituelle et temporelle dudit seigneur évesque et de ses successeurs à l'exclusion de tout autre et en son absence sous l'inspection de tout ecclésiastique de ladite ville de Compiègne à qui il lui plaira ou à ses successeurs d'en donner la Commission, laquelle sera donnée par écrit et non verbalement, toutefois révocable à la volonté dudit seigneur évesque ou à celle de ses successeurs, et dans aucun cas, sans que son représentant puisse étendre sa Commission plus loin que sur la discipline des écoles et la conduite des sœurs. »

Mais, par décret du 22 décembre 1789, l'Assemblée Constituante ordonnait que les administrations départementales seraient chargées, à l'avenir, de la surveillance de l'instruction publique.

TRAITEMENT

Avant la Révolution, ni l'Etat, ni la Ville ne coopèrent, pour la moindre part, dans le traitement des maîtres et des maîtresses.

Ce traitement est assuré par des fondations ou des legs. Les mieux partagés sont surtout le maître de l'école des garçons de Saint-Antoine et les sœurs des deux écoles de charité : leurs gages n'ont guère changé et se trouvent être respectivement, au début de la Révolution, de 300 livres pour l'instituteur de Saint-Antoine, et de 150 livres pour chacune des sœurs de charité. Ces dernières ont encore à leur disposition une certaine quantité de grains garantie (9 pichets de bled froment à chacune d'elles).

Lors du départ de Compiègne des religieuses de la Congrégation, Monseigneur de Bourdeilles avait fait la réserve de certains biens pour assurer l'établissement d'une autre maison « d'instruction gratuite » celle de la Sainte-Famille : 800 livres devaient servir à la nourriture et à l'entretien des sœurs.

Mais il n'en est pas de même pour les Frères. Les revenus qui leur étaient affectés au début de leur établissement, sont réduits presqu'à néant [1]. Par leurs statuts, ils ne doivent accepter aucun présent, aucune rétribution de la part des parents de leurs élèves. Devant les nécessités de la vie, ils sont obligés d'avoir recours à la municipalité. Celle-ci reconnaît le bien fondé de leur pétition, elle ne leur assure point de traitement fixe, mais elle les autorise à percevoir 12 sols par mois et par élève fréquentant leurs classes.

La gratuité absolue règne partout dans les écoles de la ville de Compiègne, excepté toutefois chez les religieuses de Saint-Nicolas de Royallieu ou des Visitandines, mais cela se comprend, celles-ci n'ayant que des pensionnaires.

Les religieuses de la Sainte-Famille reçoivent aussi des pensionnaires et des demi-pensionnaires, mais elles ne peuvent exiger aucune rétribution de la part des externes fréquentant leurs classes.

Il en est de même dans les trois autres écoles.

La municipalité ne déroge qu'une seule fois à cette règle de la gratuité. C'est, comme nous l'avons vu plus haut, quand, pour assurer un traitement aux Frères, elle leur accorde le droit de percevoir une rétribution mensuelle de 12 sols sur chacun de leurs élèves. Mais nous croyons ne rien avancer, en disant que les Frères ne durent pas gagner grand chose à

---

(1) Aux termes de la dotation faite par l'abbé Picart, ils devaient toucher annuellement une somme de 228 livres et 2 muids de blé moison. Lors des voyages de la Cour à Compiègne, sous Louis XVI, la Reine donnait cent vingt livres et chacun des princes douze livres. (Note de M. de Marsy.)

cette rétribution, insuffisante, et surtout mal assurée. Les demandes qu'ils se verront dans la nécessité de faire à nouveau nous autorisent même à dire que cette perception a dû être presque nulle ou plutôt qu'ils n'ont jamais essayé de la mettre en pratique.

Cependant, quelques années plus tard, la municipalité, pour se conformer à la loi, supprimera la gratuité et autorisera ses maîtres et maîtresses à percevoir une rétribution fixée par le directoire du département. Mais n'anticipons pas sur les événements futurs.

MATIÈRES D'ENSEIGNEMENT

GRATUITÉ

L'enseignement se bornait à la lecture, l'écriture et le calcul.

Les livres ordinairement employés étaient le catéchisme, la civilité, le psautier, et l'ancien et le nouveau testament.

Les fournitures classiques étaient données gratuitement.

Les registres des charités nous donnent le détail des différents achats pour leurs écoles. On y voit figurer, par exemple, ces dépenses :

Le 5 août 1768 « il est payé au sieur Bertrand, libraire, une somme de 15 livres 6 sols pour achat de catéchismes et autres livres pour l'école des filles ».

Et plus loin :

17 avril 1769 « au même libraire, une somme de 7 livres 4 sols pour 3 douzaines de civilités », etc.

Par son testament (10 octobre 1724), nous voyons l'abbé Hersan laisser une somme de 50 livres pour entretenir annuellement les trois écoles de charité des livres nécessaires à l'instruction et aussi 7 livres qui devaient être versées chaque année à l'instituteur

« pour fournir encre, plumes et papiers aux plus
pauvres enfants qui apprendront à écrire. »

« Cinquante livres demeureront à la fabrique dudit
« Saint-Antoine, pour les frais de la recette, pour
« l'entretien du bâtiment, des vitres et des bancs
« de l'école des garçons, du logement du maître et
« aussi des vitres et des bancs de l'école des filles de
« la paroisse Saint-Antoine [1]. »

Sur la réserve des biens de la Congrégation de
Compiègne, une partie était affectée aux fournitures
classiques pour l'école de la Sainte-Famille :

« Le surplus, montant à 265 livres 10 sols 5 deniers,
restera tant pour frais de distributions à faire dans
la maison louée que pour les livres, papier, plumes,
encre, etc., qui seront fournis gratuitement aux
pauvres enfans. »

(1) **Extrait du testament de Marc-Antoine Hersan.**

EMPLOI DU TEMPS

A Compiègne, les Frères tenaient leurs classes de
7 heures 1/2 à 10 heures 1/2 le matin. On rentrait
à 1 heure 1/2 l'après-midi pour sortir à 4 heures 1/2 :
ce qui faisait six heures de classes journalières.

Le mode suivi chez les Frères devait être aussi en
usage dans les autres écoles de charité de la ville,
ou, du moins, si les heures de rentrée et de sortie
étaient avancées ou reculées, la durée des classes
était la même.

En vertu de son règlement, les jeunes filles, pour
être admises à la gratuité de l'instruction dans la
maison des sœurs de la Sainte-Famille, doivent être
âgées d'au moins six ans et savoir épeler. Elles
jouissent annuellement d'un mois de vacances (du
8 septembre au 8 octobre) et d'un demi-jour de congé
par semaine, le samedi l'après-midi.

Mais on exige qu'elles passent à l'école, journelle-
ment, 10 heures en hiver et 12 en été, le double
du temps imposé de nos jours aux enfants des
écoles publiques. Cette assiduité journalière est
par trop longue, et pour les maîtresses et pour les

enfants, quelle que soit la diversité des exercices pratiqués.

Jetons maintenant un coup d'œil sur la répartition de l'emploi du temps :

Nous relevons 7 heures pour le travail manuel et les divers exercices religieux imposés ; 2 heures sont affectées aux repas et récréations ; une heure, le matin, est employée à la lecture ; une demi-heure à l'écriture, et une heure au plus, l'après-midi, pour lire, écrire et calculer, ce qui nous donne un total de deux heures et demie pour l'instruction proprement dite, c'est-à-dire un peu moins du quart du temps passé à l'école.

Les enfants de l'école de l'Hôpital se levaient à 6 heures du matin, faisaient la prière en commun, tricotaient ou apprenaient leur catéchisme jusqu'au déjeuner qui consistait en un morceau de pain. Après la messe, ils entraient à l'école pour en sortir à onze heures. Leur dîner consistait en légumes, excepté les mardi, jeudi et dimanche : ces jours-là, ils avaient la soupe et le bouilli, mais pas de vin. Ils rentraient à l'école à une heure jusqu'à 3, heure du goûter ; ils tricotaient jusqu'à 4 heures ; puis ils avaient une récréation d'une heure. Ils soupaient à 6 heures et se couchaient après la prière, vers 7 heures [1].

(1) E. Coët : *Tablettes d'histoire locale*, tome IV, p. 146.

Telle était, à la veille de la grande époque révolutionnaire, la situation de l'instruction publique à Compiègne.

Mais de graves changements allaient s'opérer :

L'Assemblée nationale jurait de ne pas se séparer avant d'avoir donné une Constitution à la France. Après deux années de débats, elle tenait son serment.

Le 14 septembre 1791, Louis XVI acceptait cette Constitution où l'on voyait inscrit, au titre Ier : « Il sera créé et organisé une *Instruction publique commune à tous les citoyens*, gratuite à l'égard des parties d'enseignement indispensable pour tous les hommes et dont les établissements seront distribués graduellement dans un rapport combiné avec la division du royaume. »

L'Assemblée législative ne peut s'occuper de l'instruction.

Ce soin revient à la Convention : C'est à elle qu'était réservé l'honneur de voter la première loi sur l'organisation de l'instruction publique.

Après cet exposé, il nous reste un devoir à remplir : c'est d'adresser un juste tribut d'hommages et de reconnaissance à ces humbles philanthropes, à ces généreux bienfaiteurs, enfants de Compiègne, qui ont pour noms : Hersan, Delaporte et Picart. Ils ont employé leur fortune, acquise au prix de toute une vie de dévouement, de labeur et d'économie, à doter leur ville des bienfaits de l'éducation et à assurer remèdes et soins gratuits aux pauvres malades.

A ces noms, ajoutons ceux des demoiselles Coustant, les vénérables fondatrices de l'école des filles de la paroisse Saint-Jacques ; de Mathieu Bocheron, Jacques Charmolue et Noël Gambier, les premiers bienfaiteurs du Collège ; de l'abbé Jean Nottin qui fonde, en 1501, pour les enfants de Compiègne, deux bourses au Collège de Dormans, dit de Beauvais, à Paris ; enfin, de Mre Clément Gervaise[1], grand Maître du Collège de Navarre, qui n'épargne ni voyages

---

(1) Mre Jean-Clément Gervaise est né à Compiègne, le 9 octobre 1703, sur la paroisse Saint-Jacques, rue du Perroquet. Il était fils de Jean Gervaise et de Marie-Jeanne de Billy, sa femme

Il était abbé commandataire de l'abbaye de Miseray, docteur en théologie, Grand Maître du Collège royal de Navarre à Paris. Son grand talent pour la chaire, l'intégrité de sa science et la douceur de sa conduite irréprochable lui ont mérité à la fois et l'estime des grands et l'amour de ses compatriotes. Il fut appelé trois fois aux fonctions de syndic de la faculté de théologie. La troisième fois, il fut choisi par arrêt de la Cour du Parlement pour achever l'exercice de l'abbé Lefèvre, professeur en théologie à la Sorbonne, à qui ces fonctions venaient d'être retirées par ce même arrêt.

La vie de l'abbé Gervaise pourrait faire l'objet d'une étude biographique intéressante.

ni. conseils pour donner au Collège de sa ville natale, après le départ des Jésuites, des professeurs aussi distingués par leur science que par leur enseignement.

De tels hommes, si dévoués au bien-être de leurs concitoyens, ne doivent pas rester dans l'oubli. Exprimons le vœu que leur mémoire soit, dans tout cœur Compiégnois, à jamais honorée. Qu'ils soient l'objet de notre entière gratitude en même temps que de nos plus respectueux hommages.

TABLE DES MATIÈRES

Compiègne. — Imprimerie A. MENNECIER, rue Pierre-Sauvage, 17.